Heiße Winterdrinks

von
Maria Del Mar Sacasa
Fotos Tara Striano

Bassermann

ISBN: 978-3-8094-3811-3

1. Auflage

© 2017 by Bassermann Verlag, einem Unternehmen der Verlagsgruppe
Random House GmbH, Neumarkter Str. 28, 81673 München

Die deutsche Ausgabe ist eine gekürzte Version der amerikanischen Ausgabe.

Text Copyright © 2013 der amerikanischen Originalausgabe by Quirk Productions, Inc.;
erstmals veröffentlicht by Quirk Books, Philadelphia, Pennsylvania.

Umschlaggestaltung: Atelier Versen, Bad Aibling

Layout: Katie Hatz mit Ausnahme der Gestaltung der Aufmacherseiten in der
deutschen Ausgabe (S. 8, 14/15, 28/29, 54/55)

Projektleitung: Anja Halveland

Übersetzung: Dr. Ulrike Kretschmer, München

Bildredaktion: Sabine Kestler

Fotografie: Tara Striano mit folgenden Ausnahmen: Portrait auf der U3: von Benoit
Mouthon; Aufmacherfoto (S. 8, 14/15, 28/29, 54/55): shutterstock/RF: 7, 8, (iravgustin)

Food-Styling: Penelope Bouklas und Emily Rickard

Herstellung: Reinhard Soll

Redaktion, Satz, Producing: Dr. Alex Klubertanz, Garmisch-Partenkirchen

Satz dieser Ausgabe: Nadine Thiel, kreativsatz

Druck und Bindung: DZS Grafik, Ljubljana

Printed in Slovenia

Verlagsgruppe Random House FSC® N001967

Inhalt

Die Welt der Wintercocktails

Wenn es allmählich Winter wird, stiehlt sich dämmerig-blaues Licht Tag für Tag etwas früher in den Nachmittag hinein, und das sommerliche Liebkosen des Windes verwandelt sich in ein schneidendes Peitschen. Herbst und Winter mögen ihre trostlosen Augenblicke haben, doch bieten farbenprächtiges Laub und leise rieselnder Schnee auch Momente der Verzauberung und Stille. In dieser Zeit des Jahres Freunde um sich zu versammeln, schenkt uns Trost und Wärme, bis der Sommer wiederkehrt.

Dieses Buch bietet das perfekte Gegenmittel zu klirrend kalten Tagen und frostigen Abenden. Neben saisonalen Klassikern wie Glühwein und Grog finden Sie gehaltvollere Getränke wie kreative Eierpunschvarianten und heiße Schokolade in Luxusausführung.

Das Herz dieses Buches sind die Rezepte, seine Seele jedoch besteht im Geist der Geselligkeit, die beim Zubereiten und Genießen der Wintercocktails entsteht. Also: Kamin anzünden, zusammenrücken – und anstoßen!

Zerstoßen

Beim Zerstoßen lösen sich die Aromen besser aus den Zutaten. Geben Sie dazu Kräuter oder andere Zutaten wie frischen Ingwer oder Zitronengras in den Shaker und zerstoßen Sie sie sanft mit einem Stößel. Oft wird noch Zucker oder Salz dazugegeben, um die Reibung zu erhöhen. Übertreiben Sie es vor allem bei Kräutern nicht – diese brauchen nur wenig Druck, um ihre natürlichen Aromen abzugeben. Am besten verwenden Sie einen Stößel; doch auch der Stiel eines Holzlöffels leistet gute Dienste.

Schritt 1

Geben Sie die Zutaten,
die zerstoßen werden sollen,
in den Shaker oder ein Glas.

Schritt 2

Drücken Sie sie mit dem Stößel sanft gegen den Rand des Shakers oder des Glases, bis die Kräuter leicht zerrieben und die Früchte zerstoßen sind.

Schritt 3

Nun kommen die im Rezept verlangten Flüssigkeiten oder das Eis hinzu. Nach Anleitung schütteln und abgießen und feste Bestandteile entsorgen.

Zucker- oder Salzränder

Ränder in verschiedenen Geschmacksrichtungen verleihen Cocktails ein zusätzliches Aroma. Dabei wird der Glasrand mit einer Zutat angefeuchtet und dann in eine trockene Zutat wie z. B. Salz getaucht. Veredeln können Sie das Ganze noch mit Gewürzen und fein gehackten Kräutern. Zum Anfeuchten eignen sich im Rezept vorkommende Zutaten wie Limettensaft oder die jeweilige Spirituose.

Schritt 1

Feuchten Sie den Glasrand mit Alkohol oder Zitrussaft an.

Schritt 2

Geben Sie trockene Zutaten wie Zucker, Salz o. Ä. auf einen kleinen Teller.

Schritt 3

Tauchen Sie den Glasrand in die trockene Zutat und schütteln Sie die Reste ab. Fahren Sie wie im Rezept beschrieben fort.

Karamell selbst machen

Karamell entsteht, wenn Zucker mit Wasser so lange erhitzt wird, bis er sich vollständig aufgelöst und dunkelbraun verfärbt hat. Das ist zwar nicht schwierig, erfordert aber dennoch Ihre ganze Aufmerksamkeit – der Grat zwischen Karamell und verbranntem Zucker ist schmal. Nehmen Sie den Edelstahltopf in dem Augenblick vom Herd, in dem auch nur ein Hauch von Rauch emporsteigt. Frisch zubereiteter Karamell verleiht Drinks wie Heißem Rum mit Butter eine rauchige Note (siehe S. 18).

Schritt 1

Geben Sie Zucker und Wasser in einen ausreichend großen Edelstahltopf.

Schritt 2

Erhitzen Sie die Zucker-Wasser-Mischung bei mittlerer Temperatur und bewegen Sie dabei den Topf – nicht umrühren –, damit der Zucker nicht am Topfboden anhaftet.

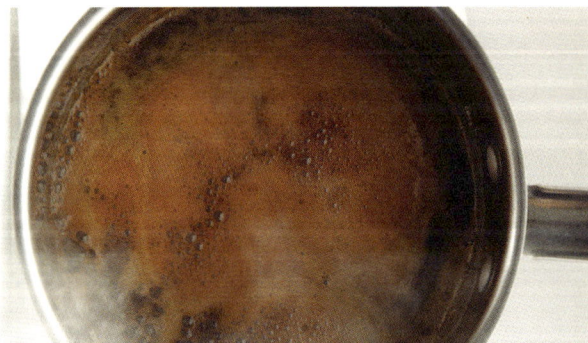

Schritt 3

Nehmen Sie den Topf vom Herd, sobald sich der Zucker dunkel verfärbt und zu rauchen beginnt.

Champagnerflaschen öffnen

Die Herausforderung beim Öffnen einer Champagnerflasche besteht darin, dass von dem köstlichen Nass so viel wie möglich in der Flasche bleibt – zumindest vorerst. Es mag zwar spektakulär aussehen, wenn der Edelschaumwein überquillt, noch schöner ist es aber, wenn er uns die Kehle hinunterrinnt. Vor dem Servieren sollte Champagner auf jeden Fall immer gut gekühlt und möglichst ruhig gelagert werden.

Schritt 1

Entfernen Sie die Folie über dem Verschluss.

Schritt 2

Drehen Sie das Drahtkörbchen auf und entfernen Sie auch dieses.

Schritt 3

Halten Sie mit der einen Hand den Flaschenhals, mit der anderen den Korken – und richten Sie die Flasche niemals auf wertvolle Gegenstände oder Gäste. Drehen Sie nun die Flasche, *nicht* den Korken. Sechs- bis siebenmal dürften reichen ... *Plopp!*

Grog & Glühwein

Grog

Früher verschrieb man Grog oft bei Erkältungskrankheiten. Heute nimmt man aufgrund der austrocknenden Wirkung des Alkohols davon eher Abstand. Wenn Sie es dennoch mit diesem alten Hausmittel probieren wollen, trinken Sie einfach ein Glas Wasser dazu, um den Flüssigkeitsverlust auszugleichen.

6 EL Honig
240 ml Bourbon, Rye (Whiskey)
    oder dunkler Rum
2 Scheiben Zitrone

Experimentieren Sie!
Grog ist geduldig und lässt sich vielfach kombinieren – eine gute Gelegenheit, selbst aromatisierte Spirituosen (siehe S. 56) auszuprobieren. Nehmen Sie statt Wasser auch einmal heißen Tee.

Jeweils 1½ Esslöffel Honig in 4 vorgewärmte Groggläser geben. Bourbon, Rye oder Rum hinzufügen und das Ganze mit 700 Milliliter kochendem Wasser aufgießen. Den Grog so lange umrühren, bis sich der Honig vollständig aufgelöst hat. Mit je ½ Scheibe Zitrone und nach Belieben mit 1 Zimtstange garniert servieren.

Leckere Grogvarianten

Gin-Grog
Nehmen Sie statt Bourbon den **Kumquat-Thymian-Gin** (siehe S. 57) oder den **Kamille-Birnen-Gin** (siehe S. 57).

Applejack-Grog
Ersetzen Sie den Honig durch **Ahornsirup** und den Bourbon durch **Applejack** (alternativ Calvados oder Obstbrand aus Äpfeln). Statt mit kochendem Wasser können Sie den Grog auch mit **Zimttee** aufgießen.

Grog passt in allen Variationen gut zu frischen Quarkbällchen vom Bäcker. Und im Winter darf es ja durchaus auch etwas gehaltvoller sein.

Heißer Rum mit Butter

Dieser Drink ist schnell erklärt: Hier trifft heißer Rum auf einen Klecks Butter. Manchmal gesellen sich noch Gewürze, Süßungsmittel und Wasser dazu. Rum mit Butter mag zunächst komisch klingen, die Butter macht das Getränk jedoch seidig weich. In diesem Rezept wird die Butter zur Abrundung noch mit Vanillemark und braunem Zucker aromatisiert.

180 ml dunkler Rum

Vanillebutter
- 4 EL zimmerwarme Butter
- Mark von 1 Vanilleschote
- 1½ EL brauner Zucker
- 1 Prise Salz
- 1 Prise gemahlener Zimt
- 1 Prise gemahlene Muskatblüte (Macis)

Für den Rum: Den Rum mit 700 Milliliter heißem Wasser verrühren. Je 1 Esslöffel Vanillebutter in 4 vorgewärmte Groggläser geben und mit dem Rum übergießen.

Für die Vanillebutter: Alle Zutaten in eine mittelgroße Schüssel geben und verrühren. Bis zum Gebrauch beiseitestellen. Wenn Sie die Vanillebutter etwas länger vorher vorbereiten, decken Sie die Schüssel mit Klarsichtfolie ab und stellen Sie sie in den Kühlschrank. Vor Gebrauch sollte die Butter allerdings erst wieder Raumtemperatur annehmen.

Darf's noch etwas süßer sein …?

Heißer Rum mit Butter und Karamell
Geben Sie **60 Gramm Kristallzucker** und **60 Milliliter Wasser** in einen Topf und erhitzen Sie den Zucker auf mittlerer Stufe etwa 6 bis 8 Minuten. Schütteln Sie den Topf gelegentlich, bis sich die Mischung dunkelbraun verfärbt und zu rauchen beginnt. Fügen Sie dann rasch **700 Milliliter Wasser** hinzu. Achtung: Das kann etwas spritzen! Nun so lange rühren, bis eine glatte Mischung entstanden ist. Den Rum unterrühren und wie oben beschrieben fortfahren.

Die Vanillebutter schmeckt nicht nur gut in heißem Rum, sondern auch auf einem Toastbrot. Verdoppeln Sie die für die Butter angegebene Menge der Zutaten und bewahren Sie die Butter bis zum Verzehr im Kühlschrank auf.

Glühwein

Dieser Glühwein wird aus Rotwein und einer Gewürzmischung zubereitet, die ihm Wärme und Duft verleiht. Generell wird bei der Zubereitung von Glühwein roter oder weißer Wein mit Gewürzen wie Zimt, Nelke und Anis erhitzt und nach Belieben gesüßt. Da der Wein noch aromatisiert wird, sollten Sie nicht den allerteuersten kaufen. Eine besondere Note bekommt der Glühwein noch durch frische oder getrocknete Früchte.

1 EL zerstoßener grüner Kardamom*

1 EL schwarze Pfefferkörner

2 TL ganze Gewürznelken

3 Stangen Zimt

750 ml trockener Rotwein, z. B. Côtes du Rhône

240 ml Brandy

Schale und 2 EL Saft von 1 Zitrone

80 g Honig

1 Birne (z. B. »Kaiser Alexander«), geschält, entkernt, in ½ cm große Würfel geschnitten

*Zerstoßen Sie die Kapseln im Mörser oder mit der glatten Seite eines Fleischklopfers. Normalerweise verwendet man nur die schwarzen Samen und entsorgt die Kapsel; in diesem Rezept wird der Glühwein jedoch durch ein Sieb abgeseiht, Sie können also sowohl die Samen als auch die zerstoßenen Kapseln verwenden.

Sie können die Zitrone in diesem Rezept durch andere Zitrusfrüchte, etwa Orange, Clementine oder Kumquat, ersetzen.

Zerstoßenen Kardamom mit Pfeffer, Nelken und Zimt in einen Topf geben und die Gewürze bei mittlerer Hitze etwa 2 Minuten anrösten, bis sie zu duften beginnen. Wein, Brandy, Zitronenschale und -saft sowie Honig dazugeben und mitköcheln lassen, dabei gelegentlich umrühren. Die Hitze reduzieren und alles 10 Minuten weiterköcheln lassen.

Die Mischung durch ein feines Sieb in eine Schüssel abgießen, die festen Bestandteile entsorgen. Den Glühwein in den Topf zurückgeben und die Birnenwürfel hinzufügen. Etwa 10 Minuten bei geringer Hitze köcheln lassen, bis die Birnen weich, aber nicht zerkocht sind.

Je mehr, desto lustiger!

Dieses Rezept können Sie in der Menge beliebig vervielfachen. Wählen Sie dann natürlich einen entsprechend großen Topf und servieren Sie den Glühwein direkt daraus in hitzebeständigen Gläsern.

Weißer Glühwein

Fruchtig weißer Zinfandel wird mit feinem Williams-Birnen-Brand aufgepeppt und bekommt durch Salbei und Thymian eine frische zitronige und blumige Note. Weißer Glühwein ist zwar nicht so weit verbreitet wie sein rotes Gegenstück, schmeckt aber nicht minder gut.

2 TL schwarze Pfefferkörner
2 TL ganze Gewürznelken
750 ml weißer Zinfandel
60 g Kristallzucker
1 kleines Bund Salbei
1 kleines Bund Thymian
Schale und 2 EL Saft von
   1 Zitrone
240 ml Eau de vie de poire oder
   Williams Christ-Obstbrand
1 feste reife Birne*, geschält,
   entkernt, in dünne Scheiben
   geschnitten

*Sie können praktisch jede Birnen-
sorte verwenden, doch sieht die
Forelle, eine kleine, zierliche Sorte,
im Glas besonders hübsch aus.

Pfeffer und Nelken in einen mittelgroßen Topf geben und die Gewürze etwa 2 Minuten bei mittlerer Hitze anrösten, bis sie zu duften beginnen. Wein, Zucker, Salbei, Thymian sowie Zitronenschale und -saft hinzufügen und so lange köcheln lassen, bis sich der Zucker vollständig aufgelöst hat. Auf niedrigster Stufe 10 Minuten weiterköcheln lassen.

Die Mischung durch ein feines Sieb in eine Schüssel abgießen, die festen Bestandteile entsorgen. Den Glühwein in den Topf zurückgeben und Eau de vie oder Brandy sowie Birnenscheiben hinzufügen. 8 bis 10 Minuten bei geringer Hitze köcheln lassen, die Birnen dürfen nicht zerkocht sein.

Keiner bleibt durstig

Dieses Rezept können Sie in der Menge beliebig vervielfachen. Wählen Sie dann natürlich einen entsprechend großen Topf und servieren Sie den weißen Glühwein direkt daraus in hitzebeständigen Gläsern.

Dekorativer sieht der weiße Glühwein aus, wenn Sie die Birne nur gründlich waschen und mit Schale, Kernen und Stiel in Scheiben schneiden.

Apfelglühwein

Für 4 Portionen

Wenn es draußen so richtig beißend kalt wird, kuscheln wir uns drinnen gern gemütlich ein – am liebsten mit einem heißen Getränk, das erst unsere Fingerspitzen zum Kribbeln bringt und uns dann mit wohliger Wärme erfüllt. Apfelwein lässt sich hervorragend erhitzen und schmeckt mit zusätzlichem Feuer von Gewürzen und einem Schuss Applejack besonders gut. Apfelstückchen, getrocknete Cranberrys und Clementinenscheiben runden den Klassiker ab.

Neben den allseits beliebten Nelken und dem Piment enthält dieser Apfelglühwein auch schwarzen Pfeffer und Koriander mit seiner leichten Zitrusnote. Wer mag, kann das Ganze noch mit frisch geschlagener süßer Sahne krönen (siehe auch **Irish Coffee**, S. 50).

1 EL Pimentkörner

1 EL schwarze Pfefferkörner

1 EL ganze Gewürznelken

2 TL ganze Koriandersamen

3 Stangen Zimt

1 l Apfelwein

Schale und 60 ml Saft
  von 1 großen Orange

240 ml Applejack (Brandy aus
  Äpfeln), alternativ Calvados
  oder Obstbrand aus Äpfeln

1 Apfel (Granny Smith), geschält,
  entkernt, in ½ cm dicke
  Scheiben geschnitten

1 Clementine oder kleine
  Orange, gründlich unter heißem Wasser gewaschen, in
  ½ cm dicke Spalten geschnitten

2 EL getrocknete Cranberrys

Piment, Pfeffer, Nelken, Koriandersamen und Zimt in einen mittel-großen Topf geben und die Gewürze unter Rühren bei mittlerer Hitze etwa 2 Minuten anrösten, bis sie zu duften beginnen. Apfelwein, Orangenschale und -saft sowie Applejack dazugeben und kurz mitköcheln. Die Hitze reduzieren und alles 15 Minuten weiterköcheln lassen.

Die Mischung durch ein feines Sieb in eine Schüssel abgießen, die festen Bestandteile entsorgen. Den Apfelglühwein in den Topf zurückgeben und die Früchte hinzufügen. Etwa 10 Minuten bei geringer Hitze köcheln lassen, bis die Früchte weich, aber nicht zerkocht sind.

Holt schon mal die Fässer

Den Apfelglühwein und seine Varianten können Sie in der Menge beliebig vervielfachen. Wählen Sie dann natürlich einen entsprechend großen Topf und servieren Sie den Apfelglühwein direkt daraus in hitzebeständigen Gläsern.

Die letzte Versuchung

Rotkäppchen

Diese einfache Abwandlung des vorhergehenden Rezepts ist ebenso kühn gewürzt, durch den Rotwein aber verführerisch rot. Lassen Sie dafür den Applejack weg und verrühren Sie nach dem Anrösten der Gewürze **700 Milliliter Apfelwein** und **350 Milliliter trockenen Rotwein** mit der Orangenschale und dem Orangensaft.

Die allerletzte Versuchung

Port-Cranberry-Glühwein

Säuerlicher, scharlachroter Cranberrysaft und Apfelwein gehen oft eine Liaison ein. Hier gesellt sich noch Portwein dazu: Mit seiner Süße mildert er das Bittere des Cranberrysafts etwas ab. Lassen Sie auch hier den Applejack weg und verrühren Sie nach dem Anrösten der Gewürze **700 Milliliter Cranberrysaft, 240 Milliliter Apfelwein** und **240 Milliliter Portwein** miteinander.

Flüssiges Gold

Obwohl bei der Ananas wahrscheinlich jeder an die Tropen denkt, ist sie tatsächlich eine Winterfrucht – und ein Wahrzeichen der Gastlichkeit. Wärmen Sie Ihr Heim und Ihre Freunde mit diesem Ananasgrog, der durch sowohl süße als auch säuerliche Aromen besticht.

Für die Ananasspieße
32 Würfel frische Ananas,
    ca. 2 cm groß
1 EL Kristallzucker
1 Prise Roter Pfeffer*
1 Prise gemahlener Zimt
1 Prise Salz

Für den Ananasgrog
1 Vanilleschote
1 EL Pimentkörner
1 EL schwarze Pfefferkörner
1 EL ganze Gewürznelken
2 Stangen Zimt
1 l Ananassaft
180 ml dunkler Rum
60 ml Brandy

*Roter Pfeffer ist meist nur in Spezialgeschäften erhältlich. Ersatzweise können Sie auch schwarzen Pfeffer nehmen.

Für die Ananasspieße: Den Backofen mit Grillfunktion vorheizen, die Ananaswürfel in eine große Schüssel geben. In einer kleinen Schüssel Zucker, Pfeffer, Zimt und Salz verrühren. Die Mischung über die Ananaswürfel geben und alles gut vermengen. Anschließend die Ananaswürfel nebeneinander auf ein mit Backpapier ausgelegtes Backblech legen und unter dem Grill 2 bis 4 Minuten karamellisieren. Etwas abkühlen lassen und je 8 Würfel auf 4 Dekospieße stecken.

Für den Ananasgrog: Die Vanilleschote längs aufschlitzen und das Mark herauskratzen. Piment, Pfeffer, Nelken und Zimt in einen Topf geben und bei mittlerer Hitze etwa 2 Minuten anrösten, bis die Gewürze zu duften beginnen. Ananassaft, Rum, Brandy sowie Vanillemark und -schote dazugeben und unter gelegentlichem Rühren kurz köcheln lassen. Die Hitze stark reduzieren und alles 15 Minuten weiterköcheln lassen.

Die Mischung durch ein feines Sieb in eine Schüssel abgießen, die festen Bestandteile entsorgen. Den Grog auf 4 hitzebeständige Gläser verteilen und mit je 1 Ananasspieß servieren.

Eierpunsch, heiße Schokolade, Kaffee & Tee

Englischer Weihnachtspunsch

Für 24–30 Portionen

Da die Engländer für ihre Teevorliebe bekannt sind, überrascht es nicht, dass der Englische Weihnachtspunsch auf Tee basiert. Auch Rum ist eine logische Zutat, war er doch zur Zeit des British Empire ein wahrer Exportschlager aus den Kolonien. Zusammenkuscheln und genießen!

450 g Zucker
8 Beutel schwarzer Tee
4 Stangen Zimt
1 EL ganze Gewürznelken*
1 ½ l trockener Rotwein, z.B.
   Cabernet Sauvignon oder Rioja
750 ml dunkler Gewürzrum oder
   Ananas-Gewürz-Rum (siehe
   S. 58)
¼ l Orangensaft, frisch gepresst
2 EL Zitronensaft
4 Bioclementinen oder kleine
   Bioorangen, in dünne Scheiben
   geschnitten

Nelken setzte man einst als Mittel zur lokalen Betäubung ein. Auch heute noch gilt Nelkenöl als Hausmittel z. B. bei Zahnschmerzen. Und auch in der Küche werden sie wegen ihres leichten Mentholgeschmacks geschätzt. Sehr hübsch sieht es aus, wenn Sie die Clementinenscheiben mit Nelken spicken.

Den Zucker mit 1 Liter Wasser bei mittlerer Hitze in einem Topf zum Kochen bringen. Die Hitze reduzieren und so lange rühren, bis sich der Zucker aufgelöst hat. Vom Herd nehmen und Teebeutel, Zimt sowie Nelken hinzufügen. 15 Minuten ziehen lassen.

In der Zwischenzeit Wein, Rum, Orangensaft und Zitronensaft in einem großen Topf bei mittlerer Hitze zum Kochen bringen. Die Hitze reduzieren, Clementinen- oder Orangenscheiben in den Topf geben und 10 Minuten ziehen lassen.

Die Teemischung durch ein Sieb in die Weinmischung abgießen, dabei die Teebeutel ausdrücken. Feste Bestandteile entsorgen. Umrühren und den Punsch entweder in eine Servierschüssel gießen oder direkt aus dem Topf in vorgewärmten, hitzebständigen Tassen servieren.

Auflockerung erwünscht

Den Weihnachtspunsch direkt aus dem Topf zu servieren lockert die Stimmung auf. Gäste lieben es, sich in der Küche zu drängen, vor allem wenn es dort warm ist und wunderbar weihnachtlich duftet.

Englischer Weihnachtspunsch light

Holly Jolly Punsch

Ersetzen Sie den schwarzen Tee durch **12 Ingwerteebeutel** und den Rotwein durch **1½ Liter Weißwein** wie etwa Riesling. Lassen Sie den Orangensaft weg und nehmen Sie dafür 180 Milliliter Zitronensaft. Ersetzen Sie schließlich den Rum durch **Kamille-Birnen-Gin oder -Wodka** (siehe S. 57). Diesen Punsch können Sie warm oder mit Eis gekühlt servieren.

Kürbis-Bourbon-Eierpunsch

Diese Eierpunschvariante ist ideal für den Herbst, wenn es allmählich kälter wird und Kürbisse Saison haben. Kürbispüree, brauner Zucker und Gewürze vereinigen sich mit Milch, Sahne und Bourbon zu einem Getränk, das mühelos auch ein Dessert ersetzen kann.

2 EL Butter
230 g Kürbispüree
1½ TL gemahlener Zimt
½ TL gemahlener Piment
1 Prise Salz
500 g Sahne
½ l Vollmilch
360 ml Bourbon
120 ml Brandy oder Cognac
8 große Eier
60 g brauner Zucker
2 TL Vanillearoma
120 g Kristallzucker

Die Butter bei mittlerer Hitze in einem mittelgroßen Topf zerlassen. Kürbispüree, Zimt, Piment und Salz hineingeben und unter Rühren 2 Minuten erhitzen. Sahne, Milch, Bourbon und Brandy oder Cognac dazugießen und alles kurz köcheln lassen. Den Topf vom Herd nehmen, abdecken und warm halten.

Die Eier trennen. In einer großen Schüssel Eigelb, braunen Zucker und Vanillearoma schaumig rühren. Anschließend die Eigelbmischung mit der Kürbismischung gründlich verrühren, in den Topf zurückgießen und warm stellen.

Eiweiß zu steifem Eischnee schlagen. Nach und nach Kristallzucker unterrühren, bis die Masse zu glänzen beginnt.

Die Punschmischung in eine Bowle- oder Servierschüssel geben. Das Eiweiß vorsichtig unterheben. Anschließend den Kürbis-Bourbon-Eierpunsch auf vorgewärmte, hitzebeständige Gläser verteilen und servieren.

Wenn Sie den Punsch kalt servieren, lassen Sie die Kürbismischung auf Raumtemperatur abkühlen und stellen Sie sie dann im Kühlschrank kalt. Vor dem Servieren das Eiweiß unterheben und den Punsch auf gekühlte Gläser verteilen.

Sahnekaramell-Eierpunsch

Diese Eierpunschvariation besticht durch ihren Karamellgeschmack, Sie können sie warm oder gekühlt servieren. Das Meersalz bildet einen spannenden Kontrast zur schaumigen Oberfläche des Punschs und zum zart-süßen Schmelz des Buttertoffees.

500 g Sahne
½ l Vollmilch
350 g Kristallzucker
8 große Eier
60 g brauner Zucker
2 TL Vanillearoma
480 ml Bourbon
Meersalz, z. B. Maldon-Meersalz

Zubereitungstipp

Die Zubereitung von Karamell mag kompliziert klingen, bedarf aber eigentlich nur Ihrer vollen Aufmerksamkeit. Sobald sich der Zucker verfärbt, die Sahne-Milch-Mischung hinzufügen (siehe dazu auch Schritt-für-Schritt-Anleitung, S. 12).

Sahne und Milch verrühren. In einem großen Topf 230 Gramm Kristallzucker mit 120 Milliliter Wasser bei mittlerer Hitze 6 bis 8 Minuten erwärmen, bis sich der Zucker braun verfärbt hat und zu rauchen beginnt. Dabei gelegentlich den Topf schütteln, damit der Zucker nicht ansetzt. Anschließend die Sahne-Milch-Mischung unterrühren. Achtung: Das kann etwas spritzen! Die Mischung bei mittlerer Hitze glatt rühren, dann den Topf vom Herd nehmen.

Die Eier trennen. In einer großen Schüssel Eigelb, braunen Zucker und Vanillearoma schaumig rühren. Anschließend die Karamellmischung unterrühren und gut einarbeiten. Bourbon unterrühren, alles wieder in den Topf geben und warm stellen.

Eiweiß zu steifem Eischnee schlagen. Nach und nach den restlichen Kristallzucker unterrühren, bis die Masse zu glänzen beginnt.

Die Punschmischung in eine Bowle- oder Servierschüssel geben. Das Eiweiß vorsichtig unterheben. Anschließend den Buttertoffee-Eierpunsch auf vorgewärmte, hitzebeständige Gläser verteilen und mit Meersalz bestreut servieren.

Wenn Sie den Punsch kalt servieren, lassen Sie die Punschmischung auf Raumtemperatur abkühlen und stellen Sie sie dann im Kühlschrank kalt. Vor dem Servieren das Eiweiß unterheben und den Punsch auf gekühlte Gläser verteilen.

Rompope

Für 6–8 Portionen

Der erste Rompope – eine Ableitung vom spanischen *Ponche de huevo* (Eierpunsch) – wurde im 17. Jahrhundert von den Nonnen des Santa-Clara-Klosters im mexikanischen Puebla gebraut. Einer Legende zufolge soll Schwester Eduviges darum gebeten haben, dass die Nonnen das Getränk auch selbst trinken, nicht nur zubereiten durften, und einer weiteren Legende zufolge enthält es eine geheime Zutat – doch dieses Geheimnis nahm Schwester Eduviges mit ins Grab. Rompope wird gekühlt serviert, oft auf Eis, kann aber auch warm getrunken werden. Wie auch immer Ihnen das Getränk besser schmeckt – es ist auf jeden Fall samtig-weich und aromatisch.

150 g blanchierte Mandeln
2 EL + 340 g Kristallzucker
1½ l Vollmilch
2 Stangen Zimt
Schale von 1 Biozitrone*
1 TL Vanillearoma
¼ TL Natron
8 Eigelbe
240 ml weißer Rum oder
   Aguardiente**

*Schälen Sie die Zitrone mithilfe eines Sparschälers möglichst so, dass Sie die weiße Haut nicht mit abschälen. Diese würde das Getränk zu bitter machen.

**Das spanische Wort »Aguardiente« bedeutet »brennendes Wasser«. Die Spirituose wird aus Früchten, Getreide und Zuckerrohr destilliert. Sie bekommen sie im gut sortierten Getränkefachhandel.

Mandeln mit 2 Esslöffel Zucker mit der Küchenmaschine zu einer feinen Paste verarbeiten.

Milch, Zimt, Zitronenschale, Vanillearoma und Natron in einem großen Topf bei mittlerer Hitze zum Kochen bringen. Die Hitze reduzieren und die Mischung 15 bis 20 Minuten köcheln lassen. Beiseitestellen.

In einer großen Schüssel die Eigelbe mit 340 Gramm Zucker und der Mandelpaste schaumig rühren. Zimtstangen und Zitronenschale aus der Milchmischung entfernen und diese unter ständigem Rühren zur Eigelbmischung geben.

Alles wieder in den Topf gießen und bei geringer Hitze 5 bis 7 Minuten kochen lassen, dabei ununterbrochen rühren. Rompope nun entweder heiß servieren oder mindestens 2 Stunden abkühlen lassen. Zum Schluss Rum oder Aguardiente unterrühren.

Gut vorzubereiten

In sterilisierten Glasflaschen hält sich Rompope im Kühlschrank bis zu 1 Monat lang.

Spezialitäten aus Puerto Rico und Mexiko: Coquito (rechts, Rezept siehe S. 36) und Rompope (links).

Coquito

Mit diesem Punsch zaubern Sie tropisches Flair in die triste Winterzeit. Ebenso wie Rompope wird auch der Coquito traditionell an *Nochebuena* – Heiligabend – zubereitet und getrunken oder in festlich geschmückten Flaschen verschenkt – er schmeckt aber auch zu jeder anderen Jahreszeit. Das Rezept ähnelt dem für Rompope, hält aber einige Überraschungen bereit: gesüßt wird mit Kondensmilch, das tropische Flair vermitteln Kokosmilch und Rum. Auf Seite 35 finden Sie rechts den Coquito abgebildet.

1 Dose Kondensmilch, ungesüßt (360 ml)

8 ganze Gewürznelken

1 Stange Zimt

5 cm frische Ingwerwurzel, geschält, quer in dünne Scheiben geschnitten

1 Dose Kondensmilch, gesüßt (450 ml)

400 ml Kokosmilch*

240 ml weißer Rum

4 Eigelbe

2 TL Vanillearoma

1 Prise gemahlener Zimt

1 Prise Muskatnuss, frisch gerieben

Ersetzen Sie die Kokosmilch nicht durch Kokoscreme, damit würde der Coquito zu süß.

Ungesüßte Kondensmilch, Nelken, Zimt und Ingwer in einem kleinen Topf bei mittlerer Hitze zum Kochen bringen. Den Topf vom Herd nehmen und die Milchmischung 30 Minuten ziehen lassen. Durch ein feines Sieb in eine Schüssel abgießen, die festen Bestandteile entsorgen. Etwa 20 Minuten auf Raumtemperatur abkühlen lassen.

Die vorbereitete Milchmischung mit der gesüßten Kondensmilch, der Kokosmilch, dem Rum, den Eigelben, dem Vanillearoma, dem gemahlenen Zimt und dem Muskat in einen Mixer geben und 1 bis 2 Minuten schaumig mixen.

Auf gekühlte Gläser verteilen und nach Belieben mit Zimt und Muskat bestäubt servieren.

Tausendundeine Nacht

Datteln beschwören das Bild exotischer Geschichten unter einem samtig schwarzen Himmel voller glitzernder Sterne herauf. Dieser Trank hätte auch Scheherazades König bezaubert.

360 ml dunkler Rum
220 g Datteln, entsteint, gehackt
2 Stangen Zimt
1 l Kokosmilch
1 Prise Salz
3 EL Honig
240 ml gekühlte Sahne
30 g Puderzucker
30 ml Bärenjäger (Honiglikör)
Kokosraspel*, geröstet, zum
  Garnieren

*Um Kokosraspel zu rösten, den Ofen auf 180 °C vorheizen. Die Raspel nebeneinander auf ein Backblech streuen und 7 bis 10 Minuten im Ofen rösten. Nach der Hälfte der Backzeit das Blech schütteln, damit die Raspel gleichmäßig braun werden. Alternativ können Sie die Raspel auch 5 bis 7 Minuten bei mittlerer Hitze ohne Fett in einer Pfanne anrösten.

Rum, Datteln und Zimt in einem Topf bei mittlerer Hitze zum Köcheln bringen. Die Hitze reduzieren und die Datteln etwa 8 Minuten weiterköcheln lassen, bis sie weich sind und fast die gesamte Flüssigkeit aufgesogen haben. Den Topf vom Herd nehmen und die Datteln 5 Minuten abkühlen lassen.

Datteln in einen Mixer geben und mit Kokosmilch sowie Salz pürieren. Die Mischung in den Topf zurückgeben und bei geringer Hitze noch einmal etwa 5 Minuten köcheln lassen. Honig unterrühren. Durch ein feines Sieb in eine große Schüssel abgießen, die festen Bestandteile entsorgen.

Sahne, Puderzucker und Honiglikör in eine gekühlte Schüssel geben und 2 bis 3 Minuten steif schlagen. Die Dattel-Honig-Milch auf vorgewärmte Gläser verteilen, jeweils 1 Klecks Schlagsahne daraufgeben und mit gerösteten Kokosraspeln bestreut servieren.

Klassische heiße Schokolade

· Für 4 Portionen ·

Manchmal muss es einfach Kaffee sein, stark aufgebrüht und aromatisch, insbesondere wenn man an einem langen Tag einen kleinen Wachmacher braucht. Geht es jedoch gemütlicher zu und wird es mit zunehmender Dämmerung draußen immer kälter, ist eine Tasse süße heiße Schokolade die bessere Wahl. Und diese Luxusversion aus Kakaopulver und Zartbitterschokolade hat nichts mit seinem blass-braunen, staubigen Pendant aus der Tüte gemein – Sie können sie ganz nach Belieben entweder dick und zähflüssig oder mit etwas Milch verdünnt genießen.

4 EL Butter

60 g Kakaopulver

3 EL brauner Zucker

1 l Vollmilch

170 g Zartbitterschokolade, fein gehackt

1 Prise Salz

1 EL Vanillearoma

180 ml Chambord (ein dunkler Beerenlikör) oder Crème de Cassis

8 Marshmallows oder **süße Schlagsahne** zum Garnieren

Die Butter in einen Topf geben und bei mittlerer Hitze zerlassen. Kakaopulver und Zucker dazugeben und so lange verrühren, bis eine cremige Paste entsteht. Unter ständigem Rühren nach und nach die Milch hinzufügen. Aufkochen und kurz bei geringer Hitze köcheln lassen. Schokolade und Salz unterrühren; wenn die Schokolade geschmolzen ist, den Topf vom Herd nehmen und das Vanillearoma unter die Schokolade rühren. Auf vorgewärmte Tassen verteilen und mit je 1 Schuss Chambord oder Crème de Cassis verfeinern. Mit Marshmallows oder süßer Sahne garniert servieren.

In Fett anrösten

Kakaopulver erhält wie viele andere trockene Gewürze ein noch intensiveres Aroma, wenn es vor der Weiterverarbeitung kurz in etwas Fett – in diesem Fall Butter – angeröstet wird.

Kirsch-Vanille-Schokolade

Für diese Variante der klassischen heißen Schokolade ersetzen Sie den braunen Zucker durch **60 Gramm Kristallzucker**, den Sie mit dem **Mark von 1 Vanilleschote*** vermengt haben. Ersetzen Sie außerdem zwei Drittel der Zartbitterschokolade durch **hochwertige weiße Schokolade**. Und statt mit Chambord oder Crème de Cassis veredeln Sie die heiße Schokolade mit etwas Kirschlikör.

*Vanilleschoten sollten sich wie weiches Leder anfühlen. Schlitzen Sie die Schote mit einem scharfen Messer der Länge nach auf und kratzen Sie dann mit der Messerspitze das Mark heraus. Bewahren Sie die ausgekratzte Schote in einem Glas mit Zucker auf, den Sie zum Süßen von Kaffee oder Tee verwenden: So verleihen Sie dem Getränk einen Hauch von Vanillearoma.

Bis zum bittersüßen Ende

Am besten schmeckt heiße Schokolade mit Zartbitterschokolade, die einen Kakaoanteil von 60 bis 70 Prozent aufweist.

Heiße Schokolade mit Salzkaramell

Für 4 Portionen

In dieser Version der **Klassischen heißen Schokolade** (siehe S. 38) bekommt die Zartbitterschokolade einen kühnen Gefährten: Salzkaramell, das die bittersüßen Noten herrlich ergänzt. Weitere Akzente setzt das aromatische Meersalz.

340 g Kristallzucker
6 EL heller Maissirup
250 g Sahne
1 TL Maldon-Meersalz*
4 EL Butter
60 g Kakaopulver
3 EL brauner Zucker
1 l Vollmilch
170 g Zartbitterschokolade, fein gehackt
2 TL Vanillearoma
180 ml Amaretto

Maldon-Meersalz besteht aus großen Salzflocken, die sich ideal zum Würzen eignen: Sie schmelzen sehr langsam und bilden einen hübschen Kontrast zum Flüssigen.

Kristallzucker mit 180 Milliliter Wasser und Maissirup in einen großen Topf geben und bei mittlerer Hitze 6 bis 8 Minuten erwärmen, bis sich der Zucker dunkel verfärbt hat und zu rauchen beginnt. Dabei gelegentlich am Topf rütteln. Sahne und Meersalz hinzufügen; Achtung, das kann etwas spritzen! Die Hitze reduzieren und die Mischung glatt rühren. Anschließend den Topf vom Herd nehmen.

Die Butter in einem zweiten Topf bei mittlerer Hitze zerlassen und mit Kakaopulver und braunem Zucker zu einer cremigen Paste verrühren. Unter ständigem Rühren nach und nach die Milch dazugießen. Karamell unterrühren und alles kurz köcheln lassen. Die Schokolade hinzufügen und so lange rühren, bis sie ganz geschmolzen ist. Den Topf vom Herd nehmen, Vanillearoma unter die heiße Schokolade rühren. Auf vorgewärmte, hitzebeständige Tassen verteilen, mit je 1 Schuss Amaretto veredeln und nach Belieben mit Meersalz bestreut servieren.

Zubereitungstipp

Für dieses Rezept brauchen Sie einen großen Topf. Achtung: Wenn Sie die Sahne ins Karamell geben, wirft die Mischung Blasen!

Rosige Wangen

Diese heiße weiße Schokolade erinnert ein wenig an den mexikanischen **Rompope** (siehe S. 34), der aus gemahlenen Mandeln zubereitet wird. Hier verleihen Macadamianüsse dem Getränk eine salzig-buttrige Note. Doch der wahre Clou ist der rosa Pfeffer, der mit seiner milden Schärfe und seinem Rosenaroma für eine pikante Überraschung sorgt.

60 g geröstete und gesalzene
  Macadamianüsse

3 EL Kristallzucker

1 l Vollmilch

1 EL ganze rosa Pfefferbeeren,
  zerstoßen

170 g weiße Schokolade,
  fein gehackt

1 Prise Salz

2 TL Zitronensaft, frisch gepresst

180 ml weißer Rum

Macadamianüsse und Zucker mit der Küchenmaschine fein zermahlen. Milch und rosa Pfeffer in einen Topf geben und bei mittlerer Hitze zum Köcheln bringen, dabei gelegentlich umrühren. Den Topf vom Herd nehmen und die Milch etwa 15 Minuten ziehen lassen.

Die Mischung durch ein feines Sieb in eine Schüssel abgießen, die festen Bestandteile entsorgen. Die Milch in den Topf zurückgießen und die gemahlenen Nüsse unterrühren. Kurz köcheln lassen, anschließend die Hitze reduzieren. Weiße Schokolade und Salz unterrühren, die Schokolade sollte vollständig geschmolzen sein. Den Topf vom Herd nehmen und den Zitronensaft in die Mischung rühren. Auf vorgewärmte Tassen verteilen, mit je 1 großzügigen Schuss weißem Rum veredeln und nach Belieben mit rosa Pfeffer bestreut servieren.

Zu den Rosigen Wangen und anderen Wintercocktails passt helles Gebäck mit Nüssen wie Mandeln oder Pistazien besonders gut.

Mamas Geheimwaffe

Für 4 Portionen

Unter Milchpunsch versteht man ein süßes Milchgetränk, das mit Alkohol wie Bourbon oder Brandy veredelt wurde. In den USA, vor allem im Süden, gibt es Milchpunsch schon seit dem 19. Jahrhundert, er wurde dort zunächst vor allem zu medizinischen Zwecken verabreicht. Mamas Geheimwaffe ist effektiver als jeder Hustensaft, schmeckt aber viel besser!

1 l Vollmilch
240 ml dunkler Rum
30 ml Brandy
60 g Honig
2 Stangen Zimt
Schale von 1 Bioorange*
gemahlener Zimt zum Garnieren

Schälen Sie die Orange mithilfe eines Sparschälers möglichst so, dass Sie die weiße Haut nicht mit abschälen. Diese würde das Getränk zu bitter machen.

Milch, Rum, Brandy, Honig, Zimt und die Hälfte der Orangenschale in einem kleinen Topf bei mittlerer Hitze zum Köcheln bringen und so lange rühren, bis sich der Honig aufgelöst hat. 5 Minuten bei geringer Hitze weiterköcheln lassen.

Tassen vorwärmen. Mit einem Streichholz die restliche Orangenschale leicht ansengen und damit über die Glasränder fahren. Zimtstangen und Orangenschale aus der Milch entfernen und diese in die vorbereiteten Tassen gießen. Mit gemahlenem Zimt bestreut und nach Belieben mit etwas Honig beträufelt servieren.

Dekotipp

Durch das Ansengen der Orangenschale lösen sich die ätherischen Öle leichter, was dem Getränk mehr Geschmack verleiht. Statt den Glasrand damit zu aromatisieren, können Sie die Schale auch direkt in den Drink geben.

Für die härteren Jungs

Kentucky Baby

Für diese Variante von Mamas Geheimwaffe ersetzen Sie Rum und Brandy durch **240 Milliliter Kentucky Bourbon** und Honig sowie Zimt durch **60 Milliliter Ahornsirup** sowie **1 Teelöffel Vanillearoma**

Ahornsirup ist sehr empfindlich und anfällig für Schimmel und Bakterien, die seine Qualität und seinen Geschmack stark beeinträchtigen. Bewahren Sie geöffnete Ahornsirupgläser deshalb stets im Kühlschrank auf. Vor dem Servieren sollte der Sirup Raumtemperatur annehmen oder bei geringer Hitze etwas erwärmt werden.

Eierpunsch, heiße Schokolade, Kaffee & Tee

Thaipunsch

Für 4 Portionen

Die aromatische, zitrusähnliche Note des Zitronengrases verleiht diesem Milchpunsch seinen charakteristischen, an die Tropen erinnernden Geschmack. Die Schärfe des Ingwers bringt diese Aromen einerseits stärker zur Geltung, gibt dem Punsch andererseits aber auch »Biss«.

1 l Kokosmilch

2 Stiele Zitronengras, in feine Ringe geschnitten*

5 cm frische Ingwerwurzel, geschält, in Scheiben geschnitten

Schale von 1 Biolimette**

60 g Kokos- bzw. Palmzucker oder Rohrohrzucker***

180 ml weißer Rum

*Entfernen Sie zunächst das obere Ende und die äußeren Blätter des Zitronengrases und schneiden Sie den Rest dann mit einem scharfen Messer in dünne Ringe.

**Siehe dazu Schältipp auf Seite 44.

***Kokoszucker ist aus dem Saft der Kokospalme hergestellter Palmzucker und wird in Regionen, in denen Kokospalmen wachsen, insbesondere in Südostasien, häufig zum Süßen verwendet. Er ist dick und süß und schmeckt auch direkt aus dem Glas sehr gut. Rohrohrzucker ist minimal verarbeiteter Rohrzucker. Im Vergleich mit seinem raffinierten Verwandten ist er gröber und weist eine blassgoldene Farbe auf.

Milch, Zitronengras, Ingwer und die Hälfte der Limettenschale in einen Topf geben und bei mittlerer Hitze zum Köcheln bringen. Die Hitze reduzieren und die Mischung 5 Minuten weiterköcheln lassen. Den Topf vom Herd nehmen und alles 15 Minuten ziehen lassen. Durch ein feines Sieb in eine Schüssel ab- und dann zurück in den Topf gießen, feste Bestandteile entsorgen.

Tassen vorwärmen. Mit einem Streichholz die restliche Limettenschale leicht ansengen und damit über die Glasränder fahren. Die Milchmischung noch einmal kurz aufkochen, dann Zucker und Rum hinzufügen und so lange rühren, bis sich der Zucker aufgelöst hat. Noch 2 Minuten köcheln lassen und in den vorbereiteten Tassen servieren.

Gut vorzubereiten

den ersten Rezeptschritt können Sie bis zu 2 Tage im Voraus ausführen. Bewahren Sie die abgegossene Milchmischung in einem luftdicht verschlossenen Behälter im Kühlschrank auf.

New Orleans spezial

Der Clou an diesem Milchpunsch ist das Flambieren mit Rum und Brandy.

1 l Vollmilch

180 ml dunkler Rum

30 ml Brandy

2 Stangen Zimt

2 Bananen, geschält, in ½ cm
  dicke Scheiben geschnitten

1 EL Zitronensaft, frisch gepresst

1 Prise gemahlener Zimt

1 Prise Salz

3 EL Butter

3 EL brauner Zucker

Milch, 120 Milliliter Rum, Brandy und Zimtstangen in einem kleinen Topf bei mittlerer Hitze zum Köcheln bringen. Die Hitze reduzieren und die Mischung 5 Minuten weiterköcheln lassen.

Die Bananenscheiben in eine kleine Schüssel geben und mit Zitronensaft, gemahlenem Zimt sowie Salz vermengen. Die Butter zerlassen und die Bananen mit dem braunen Zucker darin andünsten. Vom Herd nehmen, den restlichen Rum dazugießen und alles vorsichtig flambieren. Anschließend die Bananen mit der Garflüssigkeit zur Milchmischung geben. Nochmals 10 Minuten köcheln lassen.

Durch ein feines Sieb in eine Schüssel abgießen, die festen Bestandteile entsorgen. In vorgewärmten Tassen servieren.

Zubereitungstipp

Das Flambieren gehört zum Standardrepertoire bei Desserts. Der Alkohol verbrennt, hinterlässt aber sein Aroma. Nehmen Sie beim Flambieren Topf oder Pfanne vom Herd und halten Sie ihn bzw. sie möglichst weit vom Körper weg.

Nutella-Traum

Für 4 Portionen

Nutella, der süchtig machende Brotaufstrich aus Haselnüssen und Schokolade, lässt sich ganz wunderbar in Milch auflösen und wird vom Haselnusslikör perfekt ergänzt.

1 l Vollmilch
60 g Nutella
1 Prise Salz
180 ml Haselnusslikör,
   z.B. Frangelico
240 g gekühlte Sahne
30 g Puderzucker
2 TL Espressopulver
60 g Haselnüsse, gehackt,
   geröstet, zum Garnieren
Kokosraspel*, geröstet,
   zum Garnieren

*Um Kokosraspel zu rösten, den Ofen auf 180 °C vorheizen. Die Raspel dünn auf ein Backblech streuen und 7 bis 10 Minuten im Ofen rösten. Nach der Hälfte der Backzeit das Blech schütteln, damit die Raspel gleichmäßig braun werden. Alternativ können Sie die Raspel auch 5 bis 7 Minuten bei mittlerer Hitze ohne Fett in einer Pfanne anrösten.

Milch, Nutella und Salz in einem Topf bei mittlerer Hitze unter Rühren erwärmen, bis das Nutella geschmolzen ist. Haselnusslikör unterrühren. Den Herd ausschalten, die Mischung aber auf dem Herd ziehen lassen.

Die Sahne mit dem Puderzucker und dem Espressopulver in 2 bis 3 Minuten steif schlagen. Die Milch-Nutella-Mischung auf vorgewärmte Tassen verteilen und mit je 1 Klecks Schlagsahne krönen. Mit Haselnüssen und Kokosraspeln bestreut servieren.

Zubereitungstipp

Am einfachsten entfernen Sie die bittere und bei vielen Menschen Juckreiz auslösende Schale von Haselnüssen, indem Sie die Nüsse blanchieren. Dafür 1 Liter Wasser mit 30 Gramm Natron aufkochen und die Haselnüsse 5 Minuten darin kochen lassen. In ein Sieb abgießen und mit kaltem Wasser abspülen, dabei lässt sich die Schale relativ leicht abreiben. Hartnäckige Reste entfernen Sie, indem Sie die Nüsse in ein altes, aber sauberes Geschirrtuch geben und darin noch einmal gegeneinander reiben.

Anschließend den Ofen auf 180 °C vorheizen, die Nüsse auf ein mit Backpapier ausgelegtes Backblech geben und etwa 15 Minuten im Ofen rösten.

Irish Coffee

Diese besondere Art, den Tag zu beginnen, eignet sich natürlich nur fürs Wochenende. Wer auch unter der Woche nicht auf Irish Coffee verzichten will, genießt ihn als Schlummertrunk.

240 g gekühlte Sahne
30 g Puderzucker
½ TL Vanillearoma
180 ml Irish Whiskey
1 l frisch aufgebrühter, starker
  schwarzer Kaffee
Rohrzucker zum Süßen

Sahne, Puderzucker und Vanillearoma in einer gekühlten Schüssel mit einem Handrührgerät auf mittlerer Stufe 2 bis 3 Minuten steif schlagen.

In 4 vorgewärmte Tassen je 45 Milliliter Whiskey geben, mit ¼ Liter Kaffee aufgießen und nach Geschmack mit Rohrzucker süßen. Mit einem Klecks Schlagsahne garnieren und sofort servieren.

Süße Schlagsahne

Schlagsahne selbst zuzubereiten geht ganz schnell – außerdem schmeckt sie wesentlich besser als ihre Schwester aus der Sprühflasche. Sie ist dann richtig steif, wenn sich beim Schlagen kleine Sahnespitzen bilden. Am besten gelingt sie, wenn Sie die gut gekühlte Sahne in einer gekühlten Schüssel steif schlagen; mit Puderzucker süßen – fertig!

240 g gekühlte Sahne
30 g Puderzucker

Sahne und Puderzucker in einer gekühlten Schüssel mit einem Handrührgerät auf mittlerer Stufe 2 bis 3 Minuten steif schlagen.

Weitere Kaffeevarianten, die es in sich haben

Cafecito
Ersetzen Sie den Whiskey durch **180 Milliliter Kahlúa oder einen anderen Kaffeelikör**.

Good Morning, Vietnam
Diese Variante können Sie gekühlt – wie in Vietnam – oder heiß servieren. Ersetzen Sie den Whiskey durch **180 Milliliter weißen Rum,** lassen Sie den Zucker weg und fügen Sie stattdessen pro Tasse **2 Esslöffel gesüßte Kondensmilch** hinzu.

Rose von England

Das Bergamottearoma des Earl-Grey-Tees harmoniert wunderbar mit den blumigen Noten eines selbst aromatisierten Gins oder Wodkas. Rosa Pfeffer verleiht diesem gepflegten Tee besonderen Pep! Servieren Sie Englands Rose je nach Wetter heiß oder gekühlt.

180 ml **Rosen-Gin oder -Wodka** (siehe S. 56)

½ l frisch aufgebrühter Earl-Grey-Tee

Sirup mit rosa Pfeffer (siehe S. 59), angewärmt, zum Süßen**

**Wenn Sie den Tee gekühlt servieren wollen, lassen Sie den Sirup auf Raumtemperatur abkühlen und stellen ihn anschließend im Kühlschrank kalt. Kurz vor dem Servieren hinzufügen.

In 4 vorgewärmte Tassen je 45 Milliliter Rosen-Gin oder -Wodka geben und mit Tee aufgießen. Nach Geschmack mit dem Sirup süßen.

Abwechslung beim Fünfuhrtee

Geschniegelt und gebügelt

Ersetzen Sie den Earl Grey durch **English Breakfast Tea,** den Rosen-Gin oder -Wodka durch **180 Milliliter Whiskey** sowie nach Belieben noch durch **2 Spritzer Kirschbitter** und den Sirup durch schlichten **Würfelzucker.** Mit **warmer Milch** servieren.

Steife Ohren

Ersetzen Sie den Rosen-Gin oder -Wodka durch **180 Milliliter Kumquat-Thymian-Gin oder -Wodka** (siehe S. 57) und den Sirup mit rosa Pfeffer durch **Zitronen-Salbei-Sirup** (siehe S. 59).

Schlummertrunk

Ersetzen Sie den Earl Grey durch **Kamillentee,** den Rosen-Gin oder -Wodka durch **180 Milliliter Kamille-Birnen-Gin oder -Wodka** (siehe S. 57) und den Sirup durch **Honig.**

Spezialzutaten: selbst aromatisierte Spirituosen & Sirup

Selbst aromatisierte Spirituosen

Ergibt 750 ml

Bei einem Cocktail werden Spirituosen meist ohnehin mit anderen Aromen kombiniert, doch Sie können auch die Spirituosen selbst aromatisieren. Das geht ganz einfach, experimentieren Sie dabei ruhig einmal mit verschiedenen Zutaten. Ihrer Fantasie sind keine Grenzen gesetzt. Sollten Sie noch unsicher sein, fangen Sie zunächst mit einer kleinen Menge an.

Die Zubereitung selbst aromatisierter Spirituosen folgt immer einem bestimmten Schema. Der erste Schritt ist je nach Zutaten von Rezept zu Rezept anders; dann lässt man die Spirituose eine Zeit lang stehen, bis sie das gewünschte Aroma erreicht hat, und schließlich wird sie durch ein Sieb abgegossen. Aromatisierte Spirituosen halten sich sehr lange.

DUFTENDE UND GESCHMACKSINTENSIVE VARIATIONEN

Rosen-Gin oder -Wodka

Mit getrockneten Rosenblütenblättern kann man nicht nur Poesiealben füllen – in Gin oder Wodka eingelegt, verwandeln sie jeden Cocktail in einen Zaubertrank. Fügen Sie nach Belieben noch 2 Esslöffel schwarze Pfefferkörner hinzu.

30 g essbare getrocknete Rosenblütenblätter*
750 ml Gin oder Wodka

*Essbare Blüten bekommen Sie im Lebensmittelfachhandel oder über das Internet.

Rosenblütenblätter in ein 1-Liter-Einweckglas geben. Gin oder Wodka dazugießen, das Glas gut verschließen und schütteln. 3 bis 5 Tage an einen kühlen, dunklen Ort stellen und 2- bis 3-mal am Tag schütteln.

Jeden Tag kosten; der Rosen-Gin oder -Wodka ist fertig, wenn die gewünschte Geschmacksintensität erreicht ist.

Durch ein feines Sieb in ein sauberes Gefäß abgießen, feste Bestandteile entsorgen. Den Rosen-Gin oder -Wodka mithilfe eines Trichters in die Originalflasche zurückgießen.

Brombeer-Thymian-Gin oder -Wodka

Die säuerlichen Brombeeren ergänzen das zitronige Kräuteraroma des Thymians optimal und peppen jeden Cocktail auf. Probieren Sie den Brombeer-Thymian-Gin oder -Wodka auch einmal pur on the rocks mit etwas Zitronenschale garniert – ein Genuss!

500 g Brombeeren, gewaschen
1 Bund Thymian, gewaschen
750 ml Gin oder Wodka

Brombeeren und Thymian in ein 1-Liter-Einweckglas geben. Gin oder Wodka dazugießen, das Glas gut verschließen und schütteln. 3 bis 5 Tage an einen kühlen, dunklen Ort stellen und 2- bis 3-mal am Tag schütteln.

Jeden Tag kosten; der Brombeer-Thymian-Gin oder -Wodka ist fertig, wenn die gewünschte Geschmacksintensität erreicht ist.

Durch ein feines Sieb in ein sauberes Gefäß abgießen, feste Bestand-teile entsorgen. Den Brombeer-Thymian-Gin oder -Wodka mithilfe eines Trichters in die Originalflasche zurückgießen.

Kumquat-Thymian-Gin oder -Wodka
Ersetzen Sie die Brombeeren durch **350 Gramm in Scheiben geschnittene Kumquats.**

Kamille-Birnen-Gin oder -Wodka

Das Wildblumenaroma der Kamille passt perfekt zur Birne.

100 g getrocknete Kamillenblüten*
2 Birnen, geschält, entkernt, in Würfel geschnitten
750 ml Gin oder Wodka

*Essbare Blüten bekommen Sie im Lebensmittelfachhandel oder über das Internet.

Kamillenblüten und Birnenwürfel in ein 1-Liter-Einweckglas geben. Gin oder Wodka dazugießen, das Glas gut verschließen und schütteln. 3 bis 5 Tage an einen kühlen, dunklen Ort stellen und 2- bis 3-mal am Tag schütteln.

Jeden Tag kosten; der Kamille-Birnen-Gin oder -Wodka ist fertig, wenn die gewünschte Geschmacksintensität erreicht ist.

Durch ein feines Sieb in ein sauberes Gefäß abgießen, feste Bestandteile entsorgen. Den Kamille-Birnen-Gin oder -Wodka mithilfe eines Trichters in die Originalflasche zurückgießen.

Ananas-Gewürz-Rum

Rum, Gewürze und Ananas treffen sich häufig in Cocktails, insbesondere in karibisch angehauchten. Dieser hausgemachte Gewürzrum wird mit frischer Ananas zubereitet, die man im fertigen Cocktail dann auch besonders herausschmeckt.

1 EL Pimentkörner
2 TL ganze Gewürznelken
1 TL schwarze Pfefferkörner
3 Stangen Zimt
1 Ananas, geschält, in Würfel geschnitten
750 ml dunkler Rum

Piment, Nelken, Pfeffer und Zimt in einer kleinen Pfanne etwa 2 Minuten bei mittlerer Hitze unter Rühren anrösten, bis die Gewürze zu duften beginnen. Mit Ananaswürfeln in ein 1-Liter-Einweckglas geben. Rum dazugießen, das Glas gut verschließen und schütteln. 3 bis 5 Tage an einen kühlen, dunklen Ort stellen und 2- bis 3-mal am Tag schütteln.

Jeden Tag kosten; der Ananas-Gewürz-Rum ist fertig, wenn die gewünschte Geschmacksintensität erreicht ist.

Durch ein feines Sieb in ein sauberes Gefäß abgießen, feste Bestandteile entsorgen. Den Ananas-Gewürz-Rum mithilfe eines Trichters in die Originalflasche zurückgießen.

Selbst gemachter Sirup

Sirup selbst herzustellen ist wahrlich kein Hexenwerk. Das Verhältnis von Zucker zu Wasser hängt auch davon ab, wie dickflüssig das Ergebnis sein soll. Ich verwende Zucker und Wasser gern zu gleichen Teilen; dann ist der Sirup noch gießfähig und löst sich gut im Cocktail auf.

230 g Kristallzucker mit 230 Milliliter Wasser in einen kleinen Topf geben. Bei mittlerer Hitze zum Kochen bringen und unter Rühren köcheln lassen, bis sich der Zucker vollständig aufgelöst hat. Auf Raumtemperatur abkühlen lassen und in einem verschlossenen Behälter im Kühlschrank aufbewahren. Sirup hält sich gekühlt sehr lange.

Variationen eines simplen Themas

Sirup mit rosa Pfeffer

Hier trifft Süße auf sanfte Schärfe

340 g Kristallzucker
30 g rosa Pfefferbeeren, zerstoßen

Zucker mit 240 ml Wasser und Pfefferbeeren unter Rühren 5 Minuten bei mittlerer Hitze erwärmen, bis sich der Zucker aufgelöst hat. Dann auf Raumtemperatur abkühlen lassen und durch ein feines Sieb gießen. Der Sirup hält sich gekühlt in einem geschlossenen Behälter ca. 1 Monat.

Zitronen-Salbei-Sirup

Zitrone und Salbei verleihen der Süße dieses Sirups eine ganz besondere Note.

340 g Kristallzucker
60 g frische Salbeiblätter
2 EL fein abgeriebene Zitronenschale
120 ml Zitronensaft
1 Prise Salz

Zucker, Salbei und Zitronenschale mit der Küchenmaschine zu einer Paste verarbeiten. Mit Zitronensaft, 120 Milliliter Wasser und Salz in einen Topf geben und unter Rühren etwa 5 Minuten bei mittlerer Hitze erwärmen, bis sich der Zucker vollständig aufgelöst hat. Noch etwa 10 Minuten bei geringer Hitze weiterköcheln lassen, anschließend den Topf vom Herd nehmen und den Sirup auf Raumtemperatur abkühlen lassen. Durch ein feines Sieb abgießen, die festen Bestandteile entsorgen. Der Zitronen-Salbei-Sirup hält sich gekühlt in einem verschlossenen Behälter bis zu 1 Monat.

Danksagung

Wo anfangen? Ich wuchs unter Frauen auf, die mich in ihrer Küche willkommen hießen und stets wie eine Erwachsene behandelten. Meine Großmutter Muriel Hüper de Argüello war und ist eine eigensinnige Schönheit, die es genoss, aufwendige Mahlzeiten zuzubereiten. Meine Großmutter väterlicherseits, Bertha Chamorro de Cuadra, ist ebenso eigenwillig, inspirierend und voller Humor. Beide Frauen haben das, was man vielleicht am besten als Geschichte des Verlusts bezeichnen kann, hinter sich, blieben dabei jedoch immer das Rückgrat unserer Familien. Ich danke ihnen für jede Lektion, die sie mich lehrten. Auch meine Großväter impften mir die Liebe zu Speis und Trank ein. Dr. Silvio Cuadra Sáenz nahm mich samstags immer mit zum Markt und dann mit auf seinen Bauernhof, wo ich lernte, Kühe zu melken und dass Tiere, wollen wir sie essen, nun einmal geschlachtet werden müssen. Er brachte mir Furchtlosigkeit und Mitgefühl bei. Alejandro Argüello Sáenz – Charmeur, Tänzer, Dandy, Feinschmecker … *Cuánta falta me hace.*

Ich danke meiner Mutter María Argüello, die alles für mich ist: beste Freundin, Vertraute, Lehrerin. Sie hat mir ihre Leidenschaft für harte Arbeit und für alles Schöne und Köstliche vererbt. *Mami, te lo debo todo.*

Gracias a mi papá, José Cuadra Chamorro, y a mis hermanitos (los niños) José Alejandro, Juan Carlos y Eugenio, los hombres de mi vida quienes siempre me han apoyado y aguantado. Sin ustedes, sin su amor, sin sus sentidos de humor y pasión por la vida, no sería la misma.

Ich danke meinem Mann Octavio Sacasa Pasos, der eine Medaille dafür verdient, dass er mir stets beistand *en las duras y en las maduras.* Sie, Sir, sind mein größter Fan und sehen sanft lächelnd dabei zu, wie ich durchs Leben schlittere – dafür gebührt dir meine ganze Liebe und Dankbarkeit. Ich danke meinen Freunden und meiner Familie, die mir immer die Tränen in die Augen treiben, wenn sie mir sagen, wie stolz sie auf mich sind: Judith Vanessa Pasos-Carreño, Meghan Erwin Hack, Meghan de Andrade, Alejandro Sacasa Pasos, Los Zampieri, Los Sacasa Pasos, Los Marín Pasos.

Ich danke allen, die am Entstehen dieses Buchs beteiligt waren: meiner Lektorin Margaret McGuire, der Layouterin Katie Hatz, dem Presseteam von Quirk Books, den Foodstylistinnen Emily Rickard und Penelope Bouklas, Eric Martz, meiner kulinarischen besseren Hälfte Dean Sheremet, Geraldine Pierson und Lea Siegel sowie Good Light Studio.

Und last, but not least danke ich Tara Striano. Es ist, als saßen wir erst gestern auf deinem Balkon und unterhielten uns über die Idee, dieses Buch zu machen. Ohne deine Unterstützung, deinen Humor und dein Organisationstalent wäre es nicht zustande gekommen. Ich liebe dich, Babe!

—*María del Mar*

Als Erstes möchte ich meiner Mutter danken. Du warst immer für mich da und gabst mir die Unterstützung, die nur eine Mutter geben kann. Ich schreibe das nur für dich, Mom – ich liebe dich. Und Dad: Wärst du hier, wärst du mit Sicherheit unheimlich stolz auf mich. Ich danke Eric Martz für die grenzenlose Liebe und Unterstützung. Ohne dich hätte ich es nicht geschafft.

Ich danke Penelope Bouklas und Emily Rickard dafür, dass jedes Foto in diesem Buch wunderschön aussieht. Euren Begabungen sind keine Grenzen gesetzt. Ich danke Geraldine Pierson für ihre Hilfe und für das Porträt von María und mir. Wir haben schon viel gemeinsam erlebt, und ich freue mich auf mehr. Ich danke Lea Siegel, dass wir auf dem Porträt so schön aussehen. Ferny Chung Studios: Eure Großzügigkeit hat das Porträt zu einer außergewöhnlichen Erfahrung gemacht. Ein großes Dankeschön an die Bausches sowie an Benny und Pantera für die Unterbringung. Ich danke Margaret McGuire, Katie Hatz und allen anderen bei Quirk Books dafür, dass sie dieses Buch möglich gemacht haben. Und schließlich möchte ich mich vor allem bei María bedanken: Es ist so toll, dass wir uns getroffen haben. Du bist einfach unglaublich – ich liebe dich und alles, was du bist.

—*Tara*

Bezugsquellen

BARFISH
Eine große Auswahl an internationalen Spirituosen sowie Sirupe.
www.barfish.de

BARSTUFF
Alles, was die Bar braucht.
www.barstuff.de

BIERLINIE
Bietet eine breite Palette an Bieren.
www.bierlinie.de

COOKPLANET
Reiches Angebot an Barzubehör.
www.cookplanet.de

GEWÜRZMANUFAKTUR PURE!
Gewürze und essbaren Blüten.
www.pure-gewuerze.de

GOURMONDO.DE
Anbieter für Feinkost und Spezialitäten aus aller Welt.
www.gourmondo.de

RIMOCO
Anbieter von exotischen Gewürzen.
www.rimoco.de

Rezeptregister